La Nouvelle Loi sur les Accidents

AGRICULTEURS
MAITRES
COMMERÇANTS

Êtes-vous *RESPONSABLES*
des Accidents

Survenant a vos DOMESTIQUES
OUVRIERS
EMPLOYÉS ?

ÉTUDE PRATIQUE

PAR

M. Louis JALENQUES

AVOCAT

DOCTEUR EN DROIT

CLERMONT-FERRAND

IMPRIMERIE MODERNE — RUE DU PORT, 15

—

1900

La Nouvelle Loi sur les Accidents

AGRICULTEURS
MAITRES
COMMERÇANTS

Êtes-vous RESPONSABLES

des Accidents

Survenant a vos DOMESTIQUES
OUVRIERS
EMPLOYÉS ?

ÉTUDE PRATIQUE

PAR

M. Louis JALENQUES

AVOCAT

DOCTEUR EN DROIT

————— ı✳ı —————

CLERMONT-FERRAND

IMPRIMERIE MODERNE — RUE DU PORT, 15

—

1900

TABLE DES MATIÈRES

INTRODUCTION

OBJET DE CETTE ÉTUDE

Il n'est pas exagéré de dire que la loi du 9 avril 1898 sur la responsabilité des accidents qui frappent les travailleurs est une des plus importantes de ces dernières années, une de celles qui ont le plus vivement et à plus juste titre préoccupé l'opinion publique.

Nombreuses sont les questions à étudier dans cette loi, multiples les difficultés qu'elle présentera dans la pratique, grossières enfin les erreurs répandues dans la masse relativement à son application, notamment cette opinion à peu près générale que tous les patrons désormais sont responsables de tous les accidents survenant à leurs subordonnés.

Nous n'avons pas la prétention dans cette brochure d'approfondir toutes ces questions, d'examiner toutes ces difficultés ; mais nous voudrions tâcher de dissiper quelques-unes des erreurs du public sur ce sujet.

Quelques points en particulier feront l'objet de notre travail.

La loi de 1898 est-elle applicable aux Agriculteurs ? Est-elle applicable aux Maîtres ? Est-elle applicable aux Commerçants ? Les domestiques, ouvriers ou employés de ces diverses catégories de personnes, lorsqu'ils viennent à être atteints par un accident, peuvent-ils se prévaloir, vis-à-vis de leur patron, du bénéfice de cette nouvelle loi ?

Ces questions préoccupent beaucoup un grand nombre de personnes inquiètes avec juste raison de savoir quelle peut être à un moment donné leur responsabilité en ce qui concerne les accidents survenant à leurs subordonnés.

Malheureusement le texte de la loi n'est pas des plus clairs ; il a souvent besoin pour être compris d'être éclairé par les travaux préparatoires ; il ne peut être que difficilement saisi par les esprits étrangers aux subtilités du droit. Aussi nous avons pensé rendre service au public, en mettant à la portée de tous quelques réponses décisives aux questions posées plus haut.

Mais, avant d'aborder l'étude précise de ces questions, disons un mot de la responsabilité patronale des accidents et de la loi de 1898 en général.

***

I

Généralités sur la responsabilité patronale des accidents et sur la loi du 9 avril 1898

La loi du 9 avril 1898 sur les accidents a édicté ce que les Jurisconsultes appellent le principe du *risque professionnel* à la charge du *chef de l'entreprise.*

Qu'est-ce que cela signifie ? Cela signifie que désormais, *dans les industries énumérées par l'article 1ᵉʳ de cette loi*, le patron est responsable de tous les accidents arrivant à ses ouvriers, *quand bien même il n'y aurait aucune faute de sa part, quand même il y aurait au contraire faute de la part de l'ouvrier, pourvu toutefois qu'il n'y ait pas faute absolument* **intentionnelle** *de la part de celui-ci.*

Avant la loi de 1898, il n'en était pas ainsi.

La question de responsabilité des accidents survenant aux travailleurs était alors régie par les articles 1382 et suivants du code civil, que nous croyons nécessaire de transcrire ici, parce qu'ils s'appliquent encore à tous les cas non visés par la nouvelle loi.

« Art. 1382. Tout fait quelconque de l'homme qui cause à autrui un dommage, oblige celui par la *faute* duquel il est arrivé à le réparer. »

« Art. 1383. Chacun est responsable du dommage qu'il a causé non seulement par son fait, mais encore par sa *négligence* ou par son *imprudence*.

« Art. 1384. On est responsable non seulement du dommage que l'on cause par son propre fait, mais encore de celui qui est causé par le fait des personnes dont on doit répondre, ou des choses que l'on a sous sa garde. »

« Art. 1385. Le propriétaire d'un animal, ou celui qui s'en sert, pendant qu'il est à son usage, est responsable du dommage que l'animal a causé, soit que l'animal fut sous sa garde, soit qu'il fut égaré ou échappé. »

De ces articles il résultait que pour que le patron pût être condamné à une indemnité envers son ouvrier victime d'un accident, il fallait que celui-ci établît, au moyen d'une enquête, que l'accident était arrivé par suite d'une *négligence*, d'une *imprudence*, d'une *faute* en un mot du patron.

Or, les accidents des travailleurs peuvent, au point de vue de leur cause, se diviser, se « catégoriser » des quatre façons suivantes :

1º Accidents provenant de cas fortuits, de cas de force majeure ou de cause inconnue (la statistique des dernières années révèle qu'ils sont en moyenne de 47 %).

2° Accidents provenant de la faute du patron (20 %) ;

3° Accidents provenant de la faute de l'ouvrier victime (25 %) ;

4° Accidents dus à la faute combinée du patron et de l'ouvrier (8 %).

Sous l'empire des articles 1382 et suivants, précités, les accidents de la 1re catégorie restaient à la charge de la victime, ou pour mieux dire celle-ci n'avait droit à aucune indemnité de la part du patron qui n'était pour rien dans la cause de l'accident.

Les seconds entraînaient des dommages-intérêts à la charge du patron, mais à la condition formelle que l'ouvrier *fît la preuve* de la faute de son maître.

Quant aux troisièmes, la faute même de l'ouvrier victime l'empêchait de demander aucune réparation à son maître.

Enfin, dans le cas ou il y avait à la fois faute de l'ouvrier et faute du patron, la responsabilité était partagée ; le patron pouvait être condamné à une indemnité mitigée.

Ce système de législation était-il équitable ?

Le législateur moderne a pensé que non.

Lorsqu'un accident arrive à un ouvrier par suite d'un cas fortuit, d'un cas de force majeure ou d'une cause inconnue quelconque, il n'est pas juste, a-t-il pensé, que cet ouvrier ne puisse demander aucune indemnité à son patron.

Lorsque l'accident arrive par la faute du patron, il n'est pas juste, a-t-il pensé encore, d'exiger que l'ouvrier rapporte la preuve de cette faute, souvent difficile à établir.

Enfin, même lorsque l'accident est arrivé par la faute de l'ouvrier, le législateur a estimé encore qu'en pareil cas il n'était pas équitable de priver celui-ci de toute réparation pécuniaire.

Pourquoi cela ?

C'est ici que le législateur de 1898 pose le principe du *risque professionnel* dans l'industrie.

Ce principe veut que tous les accidents qui arrivent dans une entreprise soient réparés par le chef de l'entreprise, quelle que soit la cause originaire de l'accident, que la cause soit connue ou inconnue, qu'elle soit imputable au patron, *ou qu'elle soit même imputable à une faute de l'ouvrier*. Cette dernière décision peut surprendre, mais on l'explique en disant qu'en pareil cas, l'imprudence ou la faute de l'ouvrier n'est que la conséquence naturelle, et pour ainsi dire fatale, de l'exercice de la profession industrielle ; l'ouvrier doit en quelque sorte être assuré contre les conséquences de sa faute, et c'est au patron à prélever sur les bénéfices de son industrie de quoi l'assurer et l'indemniser lorsqu'un accident survient.

Comment se justifie le principe du *risque pro fessionnel* à la charge du patron ?

Voici ce qu'écrivait à ce sujet l'économiste anglais Richard Cobden, cité par Dalloz (année 1898) :

« Tout industriel fait entrer en ligne de compte dans son bilan annuel l'usure de ses constructions, de ses navires, de ses machines, de ses outils ; il dresse en un mot ce qu'on appelle l'inventaire mort, et, pour y faire face, il met en réserve une certaine somme. A plus forte raison doit-il agir de même en ce qui concerne les *auxiliaires vivants* de son industrie, et opérer dans leur intérêt des prélèvements réguliers sur son revenu, afin de parer à l'usure de leurs forces et aux accidents qui peuvent les atteindre. »

Le Parlement français vient d'adopter cette idée ; il a admis le principe du risque professionnel par la loi du 9 avril 1898 ; mais pour ne point faire supporter à l'industrie une charge trop lourde, il a décidé que l'indemnité ne représenterait pas toute la valeur du dommage ; elle n'est que partielle ; elle est établie à *forfait,* d'après un tarif qui a pour base le salaire de la victime.

Voici les articles 1, 3 et 4 de la nouvelle loi, qu'il est important de transcrire *in extenso* :

Article 1, 3 et 4 de la Loi du 9 avril 1898

Art 1er. *Les accidents survenus par le fait du travail, ou à l'occasion du travail, aux ouvriers et employés occupés dans l'industrie du bâtiment, les usines, manufactures, chantiers, les entreprises de transport par terre et par eau, de chargement et de déchargement, les magasins publics, mines, minières, carrières, et en outre dans toute exploitation ou partie d'exploitation dans laquelle sont fabriquées ou mises en œuvre des matières explosives, ou dans laquelle il est fait usage d'une machine mue par une force autre que celle de l'homme ou des animaux, donnent droit, au profit de la victime ou de ses représentants, à une indemnité à la charge du chef de l'entreprise, à la condition que l'interruption de travail ait duré plus de quatre jours. — Les ouvriers qui travaillent seuls d'ordinaire ne pourront être assujettis à la présente loi par le fait de la collaboration accidentelle d'un ou de plusieurs de leurs camarades.*

Art. 3. *Dans les cas prévus à l'article 1er, l'ouvrier ou employé a droit :*

Pour l'incapacité absolue et permanente à une rente égale aux 2/3 de son salaire annuel;

Pour l'incapacité partielle et permanente à une rente égale à la moitié de la réduction que l'accident aura fait subir au salaire ;

Pour l'incapacité temporaire, à une indemnité journalière égale à la moitié du salaire touché au moment de l'accident, si l'incapacité de travail a duré plus de 4 jours et à partir du 5ᵉ jour.

Lorsque l'accident est suivi de mort, une pension est servie aux personnes ci-après désignées, à partir du décès, dans les conditions suivantes :

A. *Une rente viagère égale à 20 p. 100 du salaire annuel de la victime pour le conjoint survivant non divorcé ou séparé de corps, à la condition que le mariage ait été contracté antérieurement à l'accident.*

En cas de nouveau mariage, le conjoint cesse d'avoir droit à la rente mentionnée ci-dessus ; il lui sera alloué, dans ce cas, le triple de cette rente à titre d'indemnité totale.

B. *Pour les enfants légitimes ou naturels, reconnus avant l'accident, orphelins de père ou de mère, âgés de moins de seize ans, une rente calculée sur le salaire annuel de la victime, à raison de 15 p. 100 de ce salaire, s'il n'y a qu'un enfant, de 25 p. 100 s'il y en a deux, de 35 p. 100 s'il y en trois, et 40 p. 100 s'il y en a quatre ou un plus grand nombre.*

Pour les enfants, orphelins de père et de mère, la rente est portée pour chacun d'eux à 20 p. 100 du salaire.

L'ensemble de ces rentes ne peut, dans le premier cas, dépasser 40 p. 100 du salaire, ni 60 p. 100 dans le second.

C. *Si la victime n'a ni conjoint, ni enfant dans les termes des paragraphes A et B, chacun des ascendants et descendants qui étaient à sa charge recevra une rente viagère pour les ascendants et payable jusqu'à seize ans pour les descendants. Cette rente sera égale à 10 p. 100 du salaire annuel de la victime, sans que le montant total des rentes ainsi allouées puisse dépasser 30 p. 100.*

Chacune des rentes prévues par le paraphe C est, le cas échéant, réduite proportionnellement.

Les rentes constituées en vertu de la présente loi sont payables par trimestre; elles sont incessibles et insaisissables.

Les ouvriers étrangers, victimes d'accidents, qui cesseront de résider sur le territoire français, recevront, pour toute indemnité, un capital égal à trois fois la rente qui leur avait été allouée.

Les représentants d'un ouvrier étranger ne recevront aucune indemnité, si, au moment de l'accident, ils ne résidaient pas sur le territoire français.

Art. 4. *Le chef d'entreprise supporte en outre les frais médicaux et pharmaceutiques et les frais funéraires. Ces derniers sont évalués à la somme de cent francs au maximum.*

Quant aux frais médicaux et pharmaceutiques, si la victime a fait choix elle-même de son médecin, le chef d'entreprise ne peut être tenu que jusqu'à concurrence de la somme fixée par le juge de paix du canton, conformément aux tarifs adoptés dans chaque département pour l'assistance médicale gratuite.

A la suite de ces articles, la loi du 9 avril 1898 en contient un grand nombre d'autres qui déterminent le mode de déclaration à faire à la mairie dès qu'un ouvrier est frappé par un sinistre, la procédure à suivre, soit pour l'enquête, soit pour le jugement de l'affaire, etc.

Nous ne relaterons pas toutes ces dispositions, n'ayant pas l'intention, nous l'avons déjà dit, d'étudier la loi dans son ensemble.

Faute intentionnelle et faute inexcusable

Nous mentionnerons toutefois, avant d'aborder les points précis de notre étude, l'article 20 ainsi conçu :

Art. 20. *Aucune des indemnités déterminées par la présente loi ne peut être attribuée à la victime qui a* INTENTIONNELLEMENT *provoqué l'accident.*

Le tribunal a le droit, s'il est prouvé que l'accident est dû à une faute INEXCUSABLE *de l'ouvrier, de* DIMINUER *la pension fixée au titre 1er.*

Lorsqu'il est prouvé que l'accident est dû à là faute INEXCUSABLE *du patron ou de ceux qu'il s'est substitué dans la direction, l'indemnité pourra être* MAJORÉE, *mais sans que la rente ou le total des rentes allouées puisse dépasser soit la réduction, soit le montant du salaire annuel.*

Il ressort de cet article :

1° Que le législateur de 1898 a exclu, du bénéfice de la loi, l'ouvrier victime d'un accident, qui, *intentionnellement*, d'une façon voulue, préméditée, a été la cause de cet accident, soit qu'il ait voulu se mutiler dans le but d'obtenir une des indemnités établies par la loi, soit qu'ayant cherché, par vengeance ou méchanceté, à tuer ou blesser quelqu'un au moyen des instruments ou de la machine sous sa direction, il ait été atteint lui-même par le coup qu'il destinait à autrui.

2° Que lorsque l'accident est dû, soit à une faute *inexcusable* de l'ouvrier, soit à une faute *inexcusable* du patron, l'indemnité prévue par la loi pourra être *diminuée* dans le premier cas, *majorée* dans le second.

Reste à savoir ce qu'il faut entendre par faute *inexcusable*. La définition n'est pas facile à donner. L'ivresse, par exemple, constituera-t-elle, de la part de l'ouvrier victime d'un accident, une faute inexcusable? Cela dépendra des cas ; ce sera aux tribunaux à apprécier suivant les circonstances de chaque affaire. Pour nous, théoriquement, la faute inexcusable est celle qui tient le milieu entre l'imprudence, d'un côté, et l'intention formelle d'occasionner l'accident, de l'autre. Mais il faut s'attendre à ce que ce mot « inexcusable » donne

lieu à bien des discussions et à des solutions
diverses (voir à ce sujet le Jugement du tribunal de Château-Thierry, 17 janvier 1900,
Gazette des Tribunanx, 1er février 1900 ; Tribunal d'Alais, 16 janvier 1900, la *Loi*, 8 février
1900 ; Cour d'appel de Rouen, 28 février 1900,
Gazette du Palais, 20 mars 1900).

Arrivons au but précis de notre étude.

**

II

La loi du 9 avril 1898 est-elle applicable aux agriculteurs ?

Bien que l'article 1er de la loi ne fut pas des plus
explicites à ce sujet, on pouvait cependant, dès
le lendemain du vote de la loi, répondre har-
diment : *non, en principe, sauf une exception,
pour les accidents occasionnés par l'emploi
dans l'agriculture d'un moteur inanimé*. Il suf-
fisait pour donner cette réponse de se référer
aux discussions parlementaires de la loi :

« L'immense majorité des travailleurs agricoles, avait dit notamment M. Tolain, au Sénat,
ne tombera pas sous l'application de la loi.
Notre honorable collègue (M. Fresneau) parlait
tout à l'heure des bœufs, des chevaux qui ser-

vent à l'agriculture et qui peuvent causer des accidents, des blessures aux travailleurs. Cela ne tombe pas, — je le dis immédiatement pour bien préciser la pensée de la commission et l'esprit de la loi, — sous le coup des dispositions qu'elle renferme. Nous n'avons eu en aucune façon l'intention d'englober la majorité des travailleurs agricoles. Ceux qui tombent sous le coup de la loi, ce sont ceux qui se servent, non pas même de moteurs mus par les animaux, ce que nous appelons les moteurs animés, mais uniquement de moteurs inanimés comme la vapeur et le vent... »

Pourquoi le législateur de 1898 n'assujettissait-il pas en principe les agriculteurs au principe du *risque professionnel* qu'il édictait ?

La réponse suivante était donnée par MM. Girard et Martin Nadaud dans leur rapport à la Chambre des députés :

« Les conditions du travail agricole proprement dit sont demeurées ce qu'elles étaient lors de la promulgation du code. Aujourd'hui, comme alors, l'ouvrier agricole échappe aux éventualités qui menacent l'ouvrier des usines, obligé, celui-ci, de se mouvoir soit au milieu des machines, soit au milieu d'une agglomération de travailleurs. »

La raison n'est peut-être pas des plus parfaites. De ce que les accidents qui frappent les travailleurs agricoles sont moins nombreux que ceux qui atteignent les ouvriers des usines, il ne s'ensuit pas que les victimes en soient moins intéressantes, et il semble que du moment qu'on admettait la théorie du *risque professionnel* à la charge du patron de l'industrie, il eut été logique de l'admettre au profit de tous les travailleurs quels qu'ils fussent, à la charge de tous les patrons. Mais passons.

La loi du 9 avril 1898 n'était donc pas applicable en règle générale aux accidents frappant les travailleurs agricoles. Exceptionnellement toutefois elle devait recevoir son application pour les accidents survenant, dit l'article 1er, dans une « *exploitation ou partie d'exploitation* » *agricole*, « *dans laquelle il serait fait usage d'une machine mue par une force autre que celle de l'homme ou des animaux.* »

Telles sont la règle et l'exception, relatives à l'agriculture, qui ressortaient de l'étude de l'article 1er de la loi de 1898.

Obscurités de la loi de 1898

Mais il faut reconnaître que règle et exception manquaient de netteté, de précision, et avaient besoin, pour être bien mises en lumière, d'être éclairées par les travaux préparatoires de la loi.

Certains points particulièrement importants restaient dans l'ombre, donnaient lieu à interprétation diverse de la part des commentateurs, et auraient pu être diversement jugés par les tribunaux, par exemple les deux points suivants :

(a) Est-ce que par le seul fait que dans une exploitation agricole il sera fait usage d'un moteur inanimé pour certains travaux, d'une batteuse à vapeur par exemple, tous les accidents qui pourront arriver dans cette exploitation, en dehors même du fait du moteur, relèveront de la loi de 1898 ?

(b) En supposant que dans une exploitation agricole un accident soit causé par un moteur inanimé, qui sera responsable de l'accident ? Sera-ce l'agriculteur ? Sera-ce l'exploitant de la machine ?

Tous ces points manquaient de précision.

C'est alors que, conformément aux vœux émis par la Société des agriculteurs de France, le Parlement s'est décidé à voter une *nouvelle loi* (30 *juin* 1899) destinée à éclairer ou à compléter la loi du 9 avril 1898, en ce qui concerne les accidents causés dans les exploitations agricoles par l'emploi de machines mues par des moteurs inanimés.

Loi du 30 juin 1899

Art. unique. — *Les accidents occasionnés par l'emploi de machines agricoles mues par des moteurs inanimés et dont sont victimes, par le fait ou à l'occasion du travail les personnes, quelles qu'elles soient, occupées à la conduite ou au service de ces moteurs ou machines, sont à la charge de l'exploitant du dit moteur.*

Est considéré comme exploitant l'individu ou la collectivité qui dirige le moteur ou le fait diriger par ses préposés.

Si la victime n'est pas salariée ou n'a pas un salaire fixe, l'indemnité due est calculée, selon les tarifs de la loi du 9 avril 1898, d'après le salaire moyen des ouvriers agricoles de la commune.

En dehors du cas ci-dessus déterminé, la loi du 9 avril 1898 n'est pas applicable a l'agriculture.

Ainsi donc maintenant plus d'ambiguité ; la loi du 30 juin 1899 nous permet de poser les règles suivantes :

1° En principe, la loi de 1898, sur les accidents, n'est pas applicable à l'agriculture.

2° Exceptionnellement la loi de 1898 s'applique à l'agriculture lorsque dans une exploitation il est fait usage de machines mues par un moteur inanimé, et encore seulement aux conditions suivantes : (*a*) que la victime ait été occupée à la conduite ou au service de la machine ; (*b*) que l'accident soit le résultat direct de l'emploi même de cette machine (voir en ce sens deux jugements, l'un du tribunal d'Angers, du 16 janvier 1900, l'autre du tribunal de Limoges du 19 décembre 1899 (*Gazette des Tribunaux*, 8 février 1900).

3° C'est l'exploitant du moteur inanimé qui est responsable de l'accident. Par conséquent si le moteur appartient à l'agriculteur, est dirigé par lui, par ses domestiques ou par ses journaliers, c'est lui-même qui sera responsable. Si le moteur au contraire, comme cela arrive très fréquemment, appartient à un individu qui fait métier de le louer et de le conduire lui-même avec des ouvriers sous sa direction, dans les domaines, pendant le temps nécessaire par exemple pour le battage de la moisson, c'est à lui, et à lui exclusivement, qu'incombe alors la responsabilité (voir jugement Tribunal d'Angers, du 12 décembre 1899).

4° Enfin toutes personnes, quelles qu'elles soient, *salariées ou non*, occupées à la conduite ou au service d'un moteur inanimé, victimes d'un accident occasionné par l'emploi du dit moteur, peuvent se prévaloir du bénéfice de la loi. Cette décision résulte du texte de la loi de 1899 et elle a été admise par suite des considérations suivantes du rapporteur M. Mirman :

« Comment les choses se passent-elles (dans la petite propriété agricole?) L'entrepreneur de battage vient avec sa machine, accompagné d'un petit nombre d'aides qui sont ses propres salariés ; le cultivateur intéressé fait appel au concours de quelques amis et voisins ; ceux-ci le lui accordent gracieusement et à titre de revanche. Parmi les personnes occupées à l'opération se trouvent donc le plus souvent de petits propriétaires, non salariés au sens exact du mot, mais indiscutablement travailleurs, de ressources infiniment modestes, gagnant leur vie par l'effort quotidien de leurs bras.

« Il serait souverainement injuste en droit et funeste au point de vue social d'établir une différence entre les uns et les autres, de n'accorder le bénéfice de la loi qu'à une partie seulement de ce groupe d'hommes, camarades de labeur, besognant en commun, et d'en priver arbitrairement les autres.

« Nous avons en conséquence mis dans notre texte ces mots : « Les personnes quelles qu'elles soient occupées à la conduite ou au service de ces moteurs. »

***

III

La loi du 9 avril 1898 est-elle applicable aux maîtres relativement aux accidents qui arrivent à leurs domestiques ?

Non. Il suffit de lire le texte de l'article 1er pour voir que les gens de service ne sauraient rentrer dans aucune des catégories qui sont par lui énumérées comme tombant sous l'application de la loi.

Voici d'ailleurs, en ce qui concerne les accidents des domestiques, ce qu'on trouve dans les travaux préparatoires :

Un sénateur avait proposé un texte de loi ainsi conçu :

« Le maître est responsable de plein droit de l'accident survenu au cours d'un travail dangereux. » Ce texte, dit le rapporteur, M. Thévenet, se serait étendu non seulement aux ouvriers industriels et agricoles, mais aux *gens de service, domestiques et employés, etc.,* à la majorité *votre commission n'a pas admis cette solution.* »

*_**

IV

La loi du 9 avril 1898 est-elle applicable aux maîtres, relativement aux accidents qui frappent les ouvriers du bâtiment qu'ils font travailler ?

Cette question se pose parce que l'article 1er de la loi spécifie les accidents qui surviennent *aux ouvriers et employés occupés dans l'industrie du bâtiment.*

Mais il est à remarquer d'autre part que, pour tous les cas par lui visés, l'article 1er ne met l'indemnité qu'à la charge du « *chef de l'entreprise.* »

Quand un accident arrive à un ouvrier du bâtiment, à un couvreur, à un maçon, à un charpentier par exemple, pour savoir s'il peut invoquer le bénéfice de la loi de 1898, il faut donc rechercher s'il est ou non *sous la direction* d'un *chef d'entreprise.*

Si les travaux se font sous la direction d'un entrepreneur celui-ci est évidemment le chef d'entreprise responsable.

Mais, très souvent, il n'y a point d'entrepreneur ; les travaux sont exécutés par des ouvriers agissant pour le compte du patron même qui les a commandés, sans intermédiaire, sans direction aussi de la part de ce patron. Peut-on dire en pareil cas que celui-ci est un

« *chef d'entreprise* » responsable aux termes de l'art. 1er de la loi de 1898?

Je ne le pense pas. Je n'en veux pour preuve que le passage suivant du rapport à la chambre des députés de MM. Girard et Martin Nadaud :

« Le bénéfice de la loi ne pourra être invoqué par l'ouvrier d'état qui loue son travail à un particulier. En ce cas, l'ouvrier est son propre patron. C'est à lui à prendre ses précautions et à se préserver lui-même ; personne d'ailleurs ne le commande dans son travail. Il serait souverainement injuste de faire peser aucune présomption de responsabilité sur le particulier qui, étranger aux règles du métier, ne peut que s'en rapporter discrétionnairement au praticien à qu'il a recours. »

C'est aussi la décision qui est donnée par M. Cabouat dans le *Recueil des lois nouvelles* de M. Schaffauser (année 1899, page 350) : « En règle, dit-il, le simple particulier qui passe marché avec l'ouvrier pour l'exécution d'un travail, est exempt de la responsabilité dérivant du risque professionnel, pourvu, condition essentielle, qu'il s'abstienne d'exercer aucun pouvoir de direction sur le travail et laisse l'ouvrier absolument maître de ses actes, comme du choix du matériel indispensable pour l'accomplissement de son œuvre. »

Une circulaire du garde des sceaux en date

du 10 juin 1899, disait, d'ailleurs, à ce sujet :
« *Le bénéfice de la loi ne peut être invoqué par*
un ouvrier qui loue son travail à un particulier.
L'ouvrier est alors son propre patron, personne
ne le commande dans son travail, et il lui
appartient de prendre lui-même toutes les
précautions nécessaires pour se préserver d'un
accident. »

*
* *

V

La loi du 9 avril 1898 est-elle applicable d'une
façon générale aux commerçants relative-
ment aux accidents survenant à leurs em-
ployés, ouvriers, domestiques ?

Non, si ces employés, ouvriers ou domestiques
ne travaillent pas à proprement parler, dans
une usine, une manufacture, un chantier, une
entreprise de transport, dans une fabrique, etc.
(Voir l'énumération donnée par l'article 1er).
Ainsi par exemple, l'employé d'un magasin
de nouveautés, d'un magasin de pâtisserie ou
de tout autre commerce analogue, qui serait
victime d'un accident dans l'exercice de son
travail, ne pourrait se prévaloir du bénéfice de
la loi de 1898.

Mais une question spéciale se pose pour les ouvriers qui travaillent dans les *ateliers* de la petite industrie qui ne constituent pas de véritables fabriques ou manufactures, par exemple dans des ateliers de couture, de chapellerie, de cordonnerie ; ces ouvriers, s'ils viennent, par le fait du travail ou à l'occasion du travail, à être victimes d'un accident, peuvent-ils invoquer contre leur patron la loi de 1898 ?

La question est douteuse, car lors de la discussion de la loi, différentes opinions ont été émises dans le sein du Parlement.

MM. Girard et Martin Nadaud se sont exprimés ainsi dans leur rapport à la Chambre : « On remarquera que dans cette énumération (de l'article 1er), on a omis à dessein le mot « *ateliers*. » C'est que, en effet, la loi nouvelle ne devra point s'appliquer à des ateliers autres que ceux limitativement spécifiés. Elle ne s'appliquera ni (pour citer un exemple) à des ateliers de tailleurs d'habits, de cordonniers, de chapeliers, etc., travaillant à la main, ni à tous ceux analogues où le genre de labeur n'entraîne point de danger particulier pour le salarié. Elle ne s'appliquera pas davantage à tous ces modestes ateliers d'ébénisterie, de serrurerie, etc., où le patron presque ouvrier lui-même (sans employer le moteur mécanique), opère avec un petit nombre de compagnons.

« C'est toujours là du travail manuel, tel qu'il se pratiquait au moment de la confection du code civil ; le péril n'a pas augmenté. »

Le rapporteur du Sénat a paru au contraire exprimer une opinion opposée.

A M. Buffet qui lui demandait si les ateliers en général seraient compris dans les dispositions de la loi de 1898, il répondait oui en principe, sauf à laisser aux tribunaux le soin de décider dans chaque cas, si tel ou tel atelier doit ou non rentrer dans les termes de l'article 1er.

La question est donc douteuse pour beaucoup de petits patrons et de commerçants à la tête d'ateliers, et il faut s'attendre, en présence du silence de la loi et de l'obscurité des travaux préparatoires, à des solutions diverses de la part des tribunaux.

Nous pouvons citer à ce sujet un jugement du tribunal d'Aix qui vient de décider que *l'atelier d'un maréchal-ferrant* rentre dans les dispositions de l'article 1er de loi de 1898. Un ouvrier victime d'un accident dans l'atelier d'un maréchal-ferrant peut, d'après cette décision, réclamer à son patron l'indemnité prévue par la nouvelle loi.

*_**

VI

Conclusion pratique

En résumé, il ressort de l'étude à laquelle nous venons de nous livrer, que la loi de 1898 — contrairement au préjugé très répandu dans la masse, — loin d'être d'une application universelle à tous les accidents qui frappent les travailleurs, est d'une application restreinte aux catégories spécifiées par l'article 1er de la loi.

Ainsi elle n'est pas applicable en principe aux ouvriers agricoles, aux gens de service, aux journaliers qui sont leur propre patron, aux employés de commerce, etc.

Que les Agriculteurs, les Maîtres, les Commerçants, dont les domestiques ou subordonnés seront victimes d'un accident, ne redoutent donc pas, en règle générale, les menaces de la nouvelle loi.

Mais est-ce à dire pour cela qu'agriculteurs, maîtres, commerçants doivent être exempts de tout souci en ce qui concerne les accidents pouvant survenir à leurs subordonnés ?

Loin de là.

Sans doute la loi de 1898 ne leur est pas applicable; mais ils restent toujours assujettis à la responsabilité qui résulte des articles 1382 et suivants du code civil que nous avons transcrits au commencement de cette étude.

Or, s'il est vrai que, d'après ces articles, pour que le maître puisse être condamné à des dommages-intérêts envers son subordonné, victime d'un accident, celui-ci doive *prouver* que l'accident est arrivé par suite d'une *faute*, d'une *imprudence* ou d'une *négligence* du patron, il n'est pas moins certain aussi que les tribunaux se montrent de plus en plus faciles pour l'admission de cette preuve.

Huit fois sur dix, le patron actionné en responsabilité est condamné. S'il n'a pas commis directement une faute ou une imprudence, on lui reproche *de n'avoir pas pris toutes les précautions voulues* pour empêcher l'accident d'arriver ou de n'avoir pas suffisamment protégé l'ouvrier ou le domestique contre sa propre imprudence ; et on le condamne à raison de cette négligence.

Désormais quand un accident arrivera par exemple à un journalier ouvrier du bâtiment, celui-ci actionnera le maître en prétendant qu'il lui a donné des ordres, qu'il l'a surveillé et dirigé dans son travail, qu'il a été en réalité un *chef d'entreprise* au sens de la loi de 1898, et le maître aura de la peine à se défendre.

Sans compter d'autre part, en ce qui concerne

spécialement les agriculteurs et les propriétaires, que l'article 1385 du code civil met à
leur charge les accidents causés par les animaux qui leur appartiennent.

Dans ces conditions, bien que la loi de 1898
ne leur soit point en principe applicable, on
peut affirmer néanmoins qu'agriculteurs, maîtres, commerçants, courent, relativement aux
accidents qui peuvent survenir à leurs subordonnés, des risques assez graves.

Quelle est la conclusion ?

C'est que l'assurance contre les accidents des
subordonnés devra être considérée par tous
les patrons comme une mesure de prudence à
ne pas négliger.

Il est même presque regrettable à ce point de
vue que le législateur de 1898 n'ait pas déclaré
que la loi sur les accidents serait d'une application universelle. Pourquoi cela ? Parceque
s'il en eut été ainsi tous les patrons, tous les
agriculteurs, tous les maîtres se fussent em-
pressés de s'assurer contre les accidents pouvant atteindre leur personnel. Ils eussent ainsi
été à l'abri de tous risques, et aussi à l'abri des
procès qui, dans cet ordre d'idées, deviendront
de plus en plus inévitabes et fréquents. Etant
donné le préjugé actuellement très répandu
dans la masse que la nouvelle loi met tous les
accidents à la charge des patrons, il n'est pas

doutèux que chaque fois qu'un domestique agricole ou urbain, qu'un journalier ou un employé quelconque sera victime d'un accident, en l'absence même de toute faute de la part du patron, celui-ci sera assigné par son subordonné en responsabilité.

Et il le sera d'autant plus sûrement, que toujours, en pareil cas, la victime de l'accident plaide *avec le bénéfice de l'assistance judiciaire*, et par conséquent risque de gagner, mais ne peut rien perdre et n'a aucun frais à faire.

L'assurance aurait donc ce bon effet de mettre le patron , quel qu'il soit, à l'abri de toute responsabilité, de tous risques, même en cas de faute de sa part, et à l'abri également des ennuis et des frais de tous procès.

Aussi notre conclusion est-elle que l'assurance contre les accidents des subordonnés, étant donné l'état de la législation, de la jurisprudence et le préjugé de la masse, devra être considérée par tous comme une mesure de prudence de premier ordre à prendre sans retard.

Clermont-F. — Imp. Moderne, 15, r. du Port

www.ingramcontent.com/pod-product-compliance
Lightning Source LLC
Chambersburg PA
CBHW031417220326
41520CB00057B/4526